AQUARELLES ET DESSINS

MODERNES

LITHOGRAPHIES

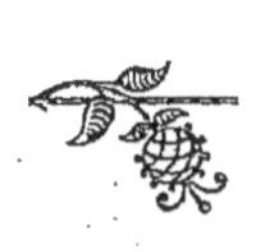

EXPOSITION PUBLIQUE

LE MARDI 31 MAI 1892

CATALOGUE

DE

DESSINS ET AQUARELLES

MODERNES

Bonington, Daumier, Decamps, Delacroix
Goya, Grandville, Grévin, Knauss, Constantin Guys, Gavarni
E. Lami, Lalanne, Michel, Monnier, Raffet, Roqueplan
Somm, Wattier, etc.

LITHOGRAPHIES

Charlet, Monnier, Lami, Raffet, etc.

Série complète des Costumes de 1814, par Gatine

DONT LA VENTE AURA LIEU

HOTEL DROUOT, SALLE N° 4

Le Mercredi 1er Juin 1892

A 2 HEURES

Par le Ministère de Me **MAURICE DELESTRE**, commissaire-priseur

27, rue Drouot, 27

Assisté de **M. L. DUMONT**, expert

27, rue Laffitte, 27

EXPOSITION PUBLIQUE

Le Mardi 31 Mai 1892, de 2 heures à 6 heures

CONDITIONS DE LA VENTE

La vente sera faite au comptant.

Les acquéreurs payeront *cinq pour cent* en sus des en-
chères, applicables aux frais.

L'ordre du Catalogue sera suivi.

*MM. les amateurs pourront visiter la Collection chez M. DUMONT,
rue Laffitte, 27, pendant les huit jours précédant la vente, de
une heure à six heures du soir.*

*M. DUMONT se charge des commissions des Amateurs qui ne
pourraient assister à la vente.*

Paris — Imp. de l'Art, E. Ménard et Cie 41, rue de la Victoire.

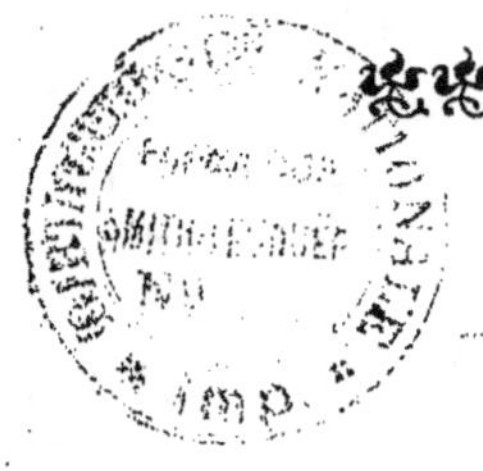

DÉSIGNATION

AQUARELLES, DESSINS

ANDREWS

(École anglaise.)

1 — *La Présentation dans un parc. — Intérieur d'une salle de bal masqué.*

> Compositions importantes, avec un grand nombre de personnages.
>
> Deux beaux dessins aux trois crayons.

ANDRIEUX

2 — *Amateur de peinture. — Un Monsieur pressé. — Le Banquier.*

> Trois dessins à la mine de plomb.
>
> (Vente Andrieux.)

3 — *Au Luxembourg. — Le Régiment qui passe. — Scènes de carnaval.*

> Quatre dessins à l'encre de Chine.

4 — *Jeux d'enfants. — Discussion. — Au bal, etc.*

> Quatre dessins au crayon.

ANDRIEUX

5 — *Type d'actrice. — Entre deux gendarmes. — Une Émeute.*

> Trois jolis dessins au crayon.

ANONYMES

6 — *Portrait de M. de Lescure, général des armées vendéennes.*

> Dessin à la sépia rehaussé de blanc.

7 — *Charlet sur son lit de mort.*

> Très joli dessin au crayon.

8 — *Naissance de Vénus.*

> Très beau dessin à la pierre noire, encadré.

9 — *Incroyables et Merveilleuses à la promenade.*

> Aquarelle.

10 — *Portraits : Le Maréchal Lobau. — Le Baron Thénard.*

> Deux dessins au crayon.

11 — *Un Bal à Montmartre.*

> Curieux dessin à l'aquarelle.
> (Collection Carré.)

AUBERT

12 — *Paysage avec rivière.*

> Très belle aquarelle, signée.

BEAUMONT
(E. DE)

13 — *Jeune Femme lisant une lettre.*

Très joli dessin à la mine de plomb rehaussé d'aquarelle. Signé. Encadré.

14 — *Jeune Seigneur embrassant une soubrette.*

Beau dessin aux trois crayons rehaussé d'aquarelle, encadré.

15 — *La Déclaration; scène enfantine.*

Dessin à la mine de plomb rehaussé d'aquarelle, encadré.

BELLANGÉ
(Hᵗᵉ)

16 — *Jeune Conscrit achetant des pommes dont la marchande emplit les poches de sa tunique; au fond, soldats devant une caserne.*

Très belle aquarelle signée, encadrée.

17 — *Études d'enfants.*

Dessin à la mine de plomb, signé.

BELLEL

18 — *L'Orage.*

Aquarelle signée.

BIDA

19 — *Aucassin et Nicolette.*

Très beau dessin au crayon noir rehaussé de blanc. Signé avec dédicace. Encadré.

BLANCHARD

20 — *Combat de taureaux.*

Dessin au crayon et à la sépia.

BONINGTON

(R. P.)

21 — *Entrée de village.*

Très jolie aquarelle signée du monogramme de l'artiste, encadrée.

BRASCASSAT

22 — *Bœufs dans la campagne romaine.*

Belle aquarelle signée, sous verre.

CHARON

23 — *Portrait de la duchesse de Berry.*

Joli dessin à la sépia.

CHINTREUIL

24 — *Vue prise sur une hauteur aux environs de Paris.*

Belle aquarelle, encadrée.

COLEMAN

25 — *Revue passée sur une place publique.*

Très belle aquarelle, encadrée.

COLIN

26 — *Jeune Fille à sa fenêtre. — Jeune Femme jouant de la mandoline.*

Deux jolies aquarelles, signées.

COURBET

27 — *L'Hallali.*

Dessin au crayon noir, encadré.

28 — *Cerf sous bois.*

Dessin au crayon, encadré.

29 — *Cerf sous bois.*

Dessin au crayon, encadré.

DAMOURETTE

30 — *Un Petit Tour au marché.*

Douze dessins à la plume.

DAUBIGNY

31 — *Souvenirs de Compiègne. — Sous bois ; — mai 1871.*

Deux très jolis dessins à la mine de plomb, encadrés.

DAUMIER
(H.)

32 — *Souvenir de l'Exposition de 1867.*

Très beau dessin à l'encre de Chine, rehaussé. Signé. Encadré.

33 — *Un Connaisseur.*

Aquarelle.

DAVID
(JULES)

34 — *La Bouquetière.*

Très jolie aquarelle, signée, encadrée.

DECAMPS

35 — *Intérieur turc : Jeune Femme implorant son maître.*

Très belle aquarelle, encadrée.

36 — *Chameaux au repos.*

Belle aquarelle, signée, encadrée.

37 — *Paysage; à Luzarches.*

Aquarelle signée, encadrée.

38 — *Marchand ambulant.*

Aquarelle encadrée.

39 — *Le Sultan et la Favorite.*

Dessin à la sépia.

40 — *La Famille de Loth, s'éloignant de Sodome.*

Dessin à la pierre noire, rehaussé d'aquarelle.

DELACROIX
(E.)

41 — *Guerriers au repos regardant un défilé de troupes.*

Très belle aquarelle, encadrée.

42 — *Études de chevaux.*

A la plume.
(Vente E. Delacroix.)
Encadré.

DELAROCHE

(P.)

43 — *Dame* et *Seigneur Henri III*.

Dessins rehaussés d'aquarelle, encadrés.

DEVÉRIA

44 — *Mort de Madame Royale*. — *Mort du duc de Berry*.

Deux dessins à la sépia.

45 — *Malek Adel*.

Trois dessins à la sépia.

DEVÉRIA

(Attribué à)

46 — *Jeune Fille assise sur un canapé*.

Très belle aquarelle, encadrée.

DREUX

(A. DE)

47 — *La Promenade : Cavaliers et Amazones*.

Très beau dessin à la mine de plomb, rehaussé d'aquarelle, encadré.

48 — *Steeple-chase : Le Saut du mur*.

Très beau dessin à la mine de plomb, rehaussé d'aquarelle, encadré.

49 — *Amazone*.

Dessin à la mine de plomb, encadré.

DUPRÉ
(J.)

50 — *Paysage avec mare et chaumière au premier plan.*

Très belle aquarelle, encadrée.

FÉROGIO

51 — *Une Cour de campagne. — Un Lavoir. — Une Ronde.*

Deux aquarelles et un dessin.

FRAGONARD
(TH.)

52 — *Jeune Femme assise.*

Joli dessin à la sépia, encadré.

FRANTZ

53· — *Paysage au Maroc. — Vue de Venise.*

Deux jolies aquarelles, signées.

FROMENTIN

54 — *Scènes arabes. — Scène de bataille.*

Dessins au crayon, rehaussés d'aquarelle. Quatre pièces.

GATINE

55 — *Le Roi et sa famille passant en carrosse la revue de la Garde.*

Aquarelle, encadrée.

GAVARNI

56 — *Une Mère de famille : « Mon dernier va su huit ans. »*

> Superbe aquarelle, signée, encadrée.

57 — *Mon épouse, elle a un anneau dans le nez ; l'anneau du mariage.*

> Superbe aquarelle, signée, encadrée.

58 — *A Clichy (le Diable à Paris).*

> Dessin au crayon ; encadré.

59 — *La Recherche de l'inconnu.*

> Très jolie aquarelle, encadrée.

60 — *Danseur excentrique.*

> Dessin à la mine de plomb, rehaussé d'aquarelle.

GOYA

61 — *Scènes des Caprices.*

> Très beaux dessins à la sépia, encadrés.

62 — *Types espagnols et croquis.*

> Très beaux dessins à la sépia, encadrés.

63 — *Études pour les Caprices.*

> Cinq beaux dessins à la plume et au crayon.

GRANDVILLE

(J. J.)

64 — *Jérôme Paturot.*

Dessin à la plume rehaussé de sépia, ayant servi à l'illustration. Sous verre.

65 — *Le Maître d'école. — La Présentation (Métamorphoses du jour).*

Deux dessins à la plume rehaussés d'aquarelle.

66 — *La nuit et le jour il rêvait. (Les Animaux peints par eux-mêmes.)*

Très beau dessin à la plume.

67 — *A l'Exposition.*

Dessin à la plume, encadré.

68 — *Une Cause célèbre.*

Aquarelle.

69 — *Le Dernier Relais. — Le Chat Bibi. — Mme Grandville, etc.*

Douze dessins à la plume.

70 — *Sur le boulevard. Veuve Legras, dégraisseuse.*

Aquarelle.

71 — *Fantaisies musicales : Barcarolle. — Valse. — Ronde tarentelle. — Dessins très curieux où les notes de musique sont représentées par des personnages.*

Sept dessins à la plume et à l'aquarelle. (Collection J. Carré).

GREVIN
(A.)

72 — *En visite.*

Dessin à la plume rehaussé d'aquarelle, encadré.

73 — *Pauvres Biches.*

Dessin à la plume rehaussé d'aquarelle, encadré.

74 — *Costumes pour ballets.*

Quatre dessins à l'aquarelle.

GRUND
(J.)

75 — *Jeune Nègre.*

Aquarelle signée, encadrée.

GUYS
(CONSTANTIN)

76 — *Soldats et Filles sous une tonnelle.*

Dessin important à l'encre de Chine et sépia, encadré.

77 — *Scène de mœurs : Femme racolant un passant.*

Aquarelle encadrée.

78 — *Femmes en promenade.*

Dessin à la sépia.

79 — *Sous les Galeries du Palais-Royal. — Bal masqué.*

Trois aquarelles.

GUYS

(CONSTANTIN)

80 — *Filles et Lorettes.*
Cinq aquarelles.

81 — *Types espagnols. — Femmes avec mantilles.*
Quatre aquarelles.

82 — *Cavaliers et Amazones.*
Huit dessins à l'encre de Chine.

83 — *Filles et Lorettes.*
Quatre dessins à l'encre de Chine.

84 — *Cavaliers.*
Huit dessins à l'encre de Chine.

85 — *Voitures. — Calèches. — Landaus.*
Huit dessins à l'encre de Chine.

HAMON

86 — *Baigneuses.*
Dessin aux deux crayons, rehaussé d'aquarelle.

HEDOUIN

(ED.)

87 — *Zamma.*
Aquarelle.
(Vente Hédouin.)

HEDOUIN

(ED.)

88 — *Femme marocaine assise.*
> Aquarelle.
> (Vente Hédouin.)

89 — *Femmes marocaines.*
> Aquarelle.
> (Vente Hédouin.)

HERVIER

90 — *Les Halles à Paris : La Rue de la Vieille-Draperie, près de la rue du Contrat-Social.*
> Très belle aquarelle, signée, encadrée.

91 — *Intérieur d'atelier : Peintre avec son modèle.*
> Très beau dessin à la mine de plomb, signé, encadré.

92 — *Moulin et mazures, à Montmartre.*
> Très joli dessin au crayon.

HOFER

(H.)

93 — *Maréchal ferrant dans un village.*
> Aquarelle signée.

ISTA

94 — *Bords de rivière.*
> Très jolie aquarelle, signée, encadrée.

ISTA

95 — *Paysage ; pont sur un ruisseau.*

Très jolie aquarelle, encadrée.

96 — *Route sur la lisière d'une forêt.*

Très jolie aquarelle, signée, encadrée.

JACQUAND

97 — *Charles-Quint et le Moine. — La Tasse de café. — La Fille de l'émigré, etc.*

Quatre dessins au crayon.

JEANRON

98 — *Souvenirs de 1848.*

Quatre dessins au crayon.

JOHANNOT
(TONY)

99 — *Jeune Fille. — Scène romantique. — Tête de vieillard. — Vignette.*

Quatre jolis dessins au crayon et à la plume.

100 — *Les Précieuses ridicules.*

Dessin à la plume rehaussé de sépia, encadré.

KNAUSS

(S. A.)

101 — *Marée montante.*
Dessin à l'encre de Chine et sépia, signé, encadré.

102 — *Chevaux sortant de l'eau.*
Dessin à l'encre de Chine et sépia, signé, encadré.

103 — *Scène d'inondation.*
Aquarelle, encadrée.

104 — *Au pâturage.*
Aquarelle signée, encadrée.

105 — *L'Approche de l'orage.*
Aquarelle, encadrée.

LAFITTE

106 — *Le Retour de l'Enfant prodigue. — Le Repas.*
Deux dessins à la sépia.

107 — *Portrait d'homme. — Promenade sur l'eau.*
Deux dessins au crayon.

LALANNE

(MAXIME)

108 — *Intérieur de parc.*
Très joli dessin à la mine de plomb, signé, encadré.

109 — *Rue Saint-Jean de Beauvais, à Paris.*
Très joli dessin à la mine de plomb, signé, encadré.

**

LALANNE

(MAXIME)

110 — *Rue de la Montagne-Sainte-Geneviève, à Paris.*
Très joli dessin à la mine de plomb, signé, encadré.

111 — *Démolitions au Champ de Mars.*
Joli dessin au fusain, signé, encadré.

112 — *Paysage.*
Très beau dessin au fusain, signé, encadré.

113 — *Verger avec habitation.*
Superbe dessin au fusain, signé, encadré.

LAMI

(EUGÈNE)

114 — *Othello.*
Superbe aquarelle, encadrée.

115 — *L'Attente. Tilbury attelé.*
Très jolie aquarelle, signée, encadrée.

LEBAS

(H.)

116 — *Barque de pêcheurs se brisant sur les rochers.*
Très jolie aquarelle, signée, encadrée.

LEROUX

(A.)

117 — *Titres de romances.*

Dix dessins au crayon.

LETUAIRE

118 — *Grotesques.*

Planche de croquis à l'aquarelle, signée.

LUMINAIS

119 — *Scène de bataille. Guerriers sur un chariot au premier plan.*

Très beau dessin à la sépia, encadré.

MAENZA

120 — *Paysage; coucher de soleil.*

Très jolie aquarelle, encadrée.

METTLIN

121 — *Jeune Femme peignant; une autre regarde debout derrière elle.*

Dessin à la plume, signé.

MICHEL

122 — *Paysage ; clair de lune.*

Superbe dessin au fusain, encadré.

123 — *Paysage avec figures.*

Dessin au crayon noir, rehaussé à l'aquarelle, encadré.

124 — *Paysage des Pyrénées.*

Dessin au crayon noir, rehaussé d'aquarelle, encadré.

125 — *Allée de marronniers.*

Dessin au fusain, encadré.

126 — *Bouquet d'arbres et ruines.*

Dessin au fusain, encadré.

127 — *Allée bordée d'arbres ; cavaliers et promeneurs.*

Dessin au fusain, encadré.

MILLET
(J. F.)

128 — *Femme portant un seau.*

Dessin au crayon noir, encadré.

129 — *Ramasseuses de pommes de terre.*

Croquis au crayon noir, encadré.

MONNIER
(H.)

130 — *Titre du Théâtre de Madame.*

Très joli dessin à la plume et à l'aquarelle, encadré.

131 — *Vignettes pour les Chansons de Béranger et divers.*

Neuf très jolis dessins à la plume et à l'aquarelle, encadrés.

MONNIER
(H.)

132 — *Une Rixe*. Pièce faite pour le Voyage en Angleterre.

> Très joli dessin à l'encre de Chine, encadré.

MOUCHOT

133 — *Intérieur de famille, au Moyen-Age.*

> Très joli dessin à l'encre de Chine, signé, encadré.

NANTEUIL
(C.)

134 — *Les Chasses de Compiègne (Titre de musique).*

> Très beau dessin à la mine de plomb.

NOEL
(JULES)

135 — *Paysage ; bords d'une rivière avec bateaux.*

> Très belle aquarelle, signée, encadrée.

OUVRIÉ
(J.)

136 — *L'Entrée d'un village.*

> Très joli dessin à la mine de plomb, signé du monogramme, encadré.

137 — *Environs de Venise.*

> Très beau dessin à la sépia, encadré.

PENGUILLY

138 — *Paysan breton.*

Dessin à la sépia.

PHILIPPOTEAUX
(F.)

139 — *Suissesse au marché.*

Très belle aquarelle, signée 1837, encadrée.

PIGAL

140 — *Caressant le magot.*

Dessin à la pierre noire, rehaussé de blanc.

PRUDHON
(Attribué à)

141 — *Naufrage de Virginie. — La Douleur.*

Deux dessins à la pierre noire, rehaussés de blanc.

RAFFET

142 — *Bonaparte ; Campagne d'Égypte.* Le même sujet au verso.

Très beaux dessins à la plume rehaussés de sépia, encadrés.

143 — *Concert champêtre. — Le Repas. — En gondole. — La Table de jeu.*

Quatre compositions très curieuses, animées d'un grand nombre de personnages, seigneurs et dames, soudards du Moyen-Age. Aquarelles signées, encadrées.

144 — *Napoléon consultant un plan.*

Dessin à la sépia, encadré.

RAYNAUD
(B.)

145 — *Réjouissances publiques.*

> Dessin à la mine de plomb, signé avec dédicace à M. Aubert. Encadré.

RENOUARD

146 — *Gambetta sur son lit de mort.*

> Très beau dessin au crayon noir, exécuté d'après nature (*Illustration*, 1883), encadré.

RIFFAUT

147 — *Vignettes pour Molière. — Le Bourgeois gentilhomme. — Le Malade, etc.*

> Trois jolis dessins à la sépia.

ROBERT
(L.)

148 — *Chariot attelé de bœufs ; campagne de Rome.*
Aquarelle.

ROGIER
(CAMILLE)

149 — *Couseuse.*

> Très jolie aquarelle signée du monogramme C. R.

ROQUEPLAN
(C.)

150 — *Jeune Femme tenant un enfant dans ses bras ; à ses pieds, une jeune fille jouant avec un chien.*

Superbe aquarelle, signée 1835, encadrée.

ROQUEPLAN
(C.)

152 — *Grenadiers et Voltigeurs.*

Cinq dessins au crayon.

ROUSSEAU
(TH.)

153 — *Paysage boisé.*

Très beau dessin au crayon.

(Vente Rousseau.)

SOMM
(HENRY)

154 — *Jeune Femme dans un intérieur japonais. — Jeune Femme et magot.*

Deux très jolis dessins à la plume, signés.

155 — *A l'Exposition. — Lapin savant. — A la brasserie. — Femme docteur.*

Quatre jolis dessins à la plume, signés.

156 — *Musée au Japon.*

Très curieux dessin à la plume, signé.

SOMM

(HENRI)

157 — *En promenade. — Femme au magot.*

Quatre dessins à la plume, signés.

158 — *Rêves d'opium.*

Huit dessins à la plume, signés.

159 — *Parisienne.*

Aquarelle encadrée.

160 — *Jeune Femme en buste.*

Aquarelle encadrée.

161 — *Japonisme.*

Aquarelle encadrée.

162 — *Liseuse.*

Aquarelle encadrée.

STAAL

(G.)

163 — *Aspasie. — Jane Gray.*

Deux dessins à la mine de plomb, rehaussés d'aquarelle.

TESSON

(L.)

164 — *Un Bazar arabe.*

Très beau dessin au crayon noir, signé, encadré.

VALERIO

165 — *Deux Enfants près d'un cours d'eau.*
Jolie aquarelle, signée.

VERNET
(Hce)

166 — *Études de chameaux.*
Deux dessins à la sépia, encadrés.

167 — *Défense d'Huningue.*
Dessin à la mine de plomb, avec la gravure.

168 — *Son portrait, par lui-même.*
Beau dessin au crayon noir estompé.

WATTIER
(E.)

169 — *Jeune Femme jouant de la mandoline.*
Très belle aquarelle signée, encadrée.

170 — *Jeune Femme peignant.*
Très belle aquarelle signée, encadrée.

171 — *Jeune Femme assise.*
Très beau dessin aux trois crayons, signé, encadré.

172 — *Rêverie.*
Dessin aux deux crayons.

WATTIER

(E)

173 — *Illustrations. — Titres de pages pour le musée Gratis, avec la couverture.*

Dessins au crayon, signés.

174 — *Concert champêtre.*

Aquarelle.

175 — *Concert champêtre.*

Dessin à la mine de plomb.

176 — *Les Crêpes.*

Très beau dessin à la mine de plomb et sépia.

177 — *Jeune Femme assise.*

Très beau dessin au crayon noir et encre de Chine, encadré.

WILKINSON

178 — *La Polka. — La Mazurka.*

Deux jolis dessins au crayon, signés 1845.

DESSINS DIVERS

179 — **Caricatures** du bon genre, par Bosio ; sur la reine Caroline, par Cruisksand.

Neuf dessins à l'encre de Chine, sépia et crayon.

180 — **Charges, caricatures, scènes de mœurs.** — Voyage en Basse-Bretagne. — Les Ombres portées. — Les Coups, par Darjou. — Scène de carnaval. — Déménagement d'artiste, par Ladreyt. — Caricatures, par Bertall, Berat, Grim, etc.

Ensemble cinquante-huit dessins et aquarelles.

181 — **Croquis**, par Bonington, E. Lami, Monnier, De Beaumont, etc.

Ensemble douze dessins au crayon et aquarelle.

182 — **Sujets de genre**, par Fauvelet, Philippon, Geniole, etc.

Six dessins et aquarelles.

183 — **Militaires. — Chasses. — Paysages,** par Lalaisse, Th. Fort, Joly, Abels, Lebas, etc.

Douze aquarelles et dessins.

184 — **Paysages**, par Lalanne, Lebas.

Trois aquarelles.

185 — **Études et croquis**, par Decamps, Ingres, Delacroix, Scheffer, etc.

Huit dessins au crayon et à la plume.

186 — **Croquis**. Études de femmes, Amours, etc., par Girodet, Félon, Gleize, etc.

> Cinq dessins à l'encre de Chine et crayon.

187 — **Portraits**. Le Duc de Richelieu, Bossuet. Études par David, Boilly.

> Quatre dessins au crayon.

188 — **Costumes** et portraits d'acteurs et d'actrices.

> Vingt dessins et aquarelles.

189 — **Portraits** de femmes. Études.

> Huit dessins.

190 — **Paysages**. — **Marines**, par Gué, Enfantin, Van Essen, etc.

> Douze dessins et aquarelles.

191 — **Paysages**. Vues. — Marines, par Veltens, Jose Bles.

> Six aquarelles.

192 — **Sujets religieux**. Christ en croix. — Madeleine.

> Cinq dessins et aquarelles.

193 — **Croquis**, par Comte, Fauvelet, etc.

> Vingt dessins.

194 — **Vignettes**. Dessins et croquis pour illustration, par Lefèvre et divers.

> Onze pièces.

195 — Sous ce numéro, quelques dessins non catalogués, par Horace Vernet, Castelli, Marilhat, Marry, Wild.

> Douze dessins et aquarelles.

196 — **Dessins en lots**. Études, Paysages, Décorations, etc.

ESTAMPES

LITHOGRAPHIES, GRAVURES

CHARLET, BELLANGÉ

197 — *Le Premier Coup de feu. — Le Second, etc. — Croquis à la plume. — Le Vieux Grenadier. — Aux Braves.*

Sept pièces, très belles épreuves.

DECAMPS
(Par et d'après)

198 — *Croquis. — Sujets divers.*

Dix pièces, belles épreuves.

DELATRE
(A.)

199 — *Vue de Paris, prise de Montmartre.*

Eau-forte originale.
Très belle épreuve.

DEVERIA

200 — *Contes de La Fontaine.*

Six pièces, très belles épreuves, toutes marges.

DIAZ, DELACROIX
(Par et d'après)

201 — *Imposture. — La Veuve. — Saint Sébastien, etc.*
Six pièces, belles épreuves.

GATINE

202 — *Incroyables et Merveilleuses de 1814. Suite complète de trente-trois pièces coloriées, d'après H. Vernet et Lanté.*
Très belles épreuves, toutes marges.

DE GONCOURT, CH. JACQUE, ETC.

203 — *Eaux-fortes et lithographies.*
Neuf pièces, belles épreuves.

HERSENT

204 — *Contes de La Fontaine, dix lithographies.*
Très belles épreuves, toutes marges.

ISABEY
(J.)

205 — *Caricatures coloriées, neuf pièces.*
Très belles épreuves, toutes marges.

JOHANNOT
(TONY)

206 — *Vignettes pour les Contes de Ch. Nodier. — Walter Scott; dix pièces.*
Très belles épreuves d'artiste, grandes marges.

JOHANNOT
(T. et A.)
RAFFET

207 — *Vignettes pour les Chansons de Béranger.*

> Vingt-deux pièces dont vingt avant la lettre, très belles épreuves, toutes marges.

LEMUD
(DE)

208 — *Hélène Adelsfreit. — Baigneuses, d'après Rioult. — Adresse, etc.*

> Six pièces, belles épreuves.

MONNIER
(HENRY)

209 — *Esquisses parisiennes. Suite complète de dix lithographies coloriées.*

> Très belles épreuves de coloris ancien, toutes marges.

210 — *Les Grisettes. Mœurs parisiennes. Suite complète de six pièces coloriées, en largeur.*

> Très belles épreuves de coloris ancien, toutes marges.

211 — *Les Boutiques de Paris. Suite complète de six pièces coloriées.*

> Très belles épreuves de coloris ancien, toutes marges.

212 — *Encore celle-là. Pièce du Voyage à Londres, etc.*

> Trois pièces, belles épreuves.

MONNIER
(H.)
LAMI
(E.)

213 — *Voyage en Angleterre. Suite complète des quatre livraisons parues, comprenant vingt-quatre lithographies coloriées.*

Très bel exemplaire.

RAFFET

214 — *La Revue nocturne.*

Très belle épreuve, encadrée.

215 — *Le Réveil.*

Très belle épreuve sur Chine.

216 — La même estampe.

Épreuve sur Chine, encadrée.

217 — *Le Combat d'Oued-Alleg.*

Très belle épreuve sur Chine, encadrée.

218 — *Abordez l'ennemi franchement. — Il est défendu de fumer.*

Deux pièces, très belles épreuves.

219 — *Le Guide est à droite. — La Dernière Charrette. — L'As de trèfle.*

Quatre pièces, très belles épreuves.

VERNET

(H.)

220 — *Carle Vernet, en pied dans la campagne.* — Autre portrait en buste.

> Deux pièces, très belles épreuves.

221 — Sous ce numéro, il sera vendu en lots les estampes non cataloguées.

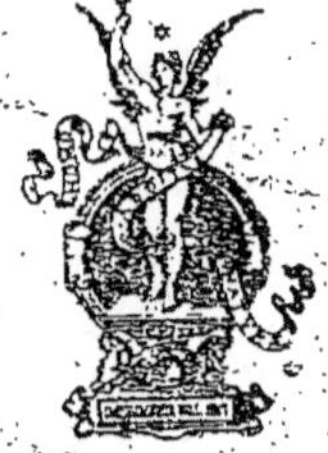